AF266889

RÉPONSE

A un fragment du Discours qu'a prononcé, le 7 décembre, à la Chambre des Députés, M. le Comte DECAZE, Ministre de la Polce générale,

PAR M. ROBERT,

Ancien Avocat au Parlement de Normandie,

Détenu à la Force, par ordre du Ministre, en vertu (dit-on) de la Loi du 29 octobre 1815,

Avec des Observations sur le Projet de Loi tendant au renouvellement de la première.

A PARIS,

DE L'IMPRIMERIE DE C.-F. PATRIS, RUE DE LA COLOMBE, N°. 4.

1816.

M. Robert ne reconnaît pour véritables que les Exemplaires revêtus de la signature suivante :

RÉPONSE

A un fragment du Discours qu'a prononcé, le 7 décembre, à la Chambre des Députés, M. le Comte D E C A Z E, Ministre de la Police générale,

PAR M. ROBERT, ancien Avocat au Parlement de Normandie, détenu à la Force, par ordre du Ministre, en vertu (dit-on) de la Loi du 29 octobre 1815,

Avec des Observations sur le Projet de Loi tendant au renouvellement de la première.

<center>~~~~~~~~~~~~~~~~~~</center>

PREMIÈRE PARTIE.

MON ARRESTATION ET MA DÉTENTION.

UN sentiment honorable et auquel le ministre de la police a été lui-même forcé de rendre hommage, détermina ma fille, le 16 novembre, et pendant que j'étais encore *au secret*, à réclamer l'intérêt et la justice des deux chambres contre la mesure qui avait privé mon fils et moi de nôtre liberté.

Sa courageuse pétition reposait sur des faits aussi graves que positifs, puisqu'elle s'y plaignait, non-seulement de ce qu'on ne nous avait pas renvoyés devant les tribunaux; mais de ce que, au mépris de toutes les lois, on avait fait, *hors de*

nôtre présence, les perquisitions les plus rigou-
reuses dans notre domicile, et enfin de ce qu'on
s'obstinait à nous retenir *au secret* quoique nous
eussions été interrogés et que l'instruction de la
police fût terminée.

Le ministre, lors même qu'il aurait eu le droit de
se retrancher derrière la loi du 29 octobre 1815,
n'était pas excusable, si nous prouvions qu'il
avait ajouté a ses rigueurs ou qu'il en avait méconnu les dispositions les plus sages ; et nous
n'aurions pas eu de peine à remplir cette double
tâche.

Quoi qu'il en soit, nous allions nous occuper
de porter nos plaintes au pied du trône, lorsque
M. le comte Décaze qui a probablement senti
qu'il ne pouvait pas monter à la tribune sans dire
un mot d'une réclamation qu'on avait plutôt
écartée que jugée, et qui avait excité l'intérêt le
plus vif, s'est exprimé dans les termes suivants
en rendant compte de l'exécution de la loi :

« Les arrestations maintenues par ces décisions
» (du conseil du Roi) ont porté sur des hommes
» que leurs écarts antérieurs signalaient à la sur-
» veillance légale, et qui la provoquaient par de
» nouvelles manœuvres. Ce n'est pas que le gou-
» vernement ne se soit vu quelquefois entravé
» dans sa marche par des oppositions que l'on
» pourrait qualifier plus sévèrement, et qui

» auraient pu compromettre également les inté-
» rêts du trône et ceux de la liberté publique ;
» mais il a toujours distingué les erreurs d'un
» zèle imprudent ou mécontent, des crimes de la
» malveillance. Nous avons le droit et le devoir
» de proclamer cette vérité, à cette même tri-
» bune qui a retenti, il y a quelques jours, d'une
» réclamation dont la piété filiale qui l'a dictée,
» peut seule excuser l'imprudence, *et sur la-*
» *quelle la gravité même de l'accusation qui pèse*
» *sur les prévenus, nous commande un silence*
» *dont leur conscience sentira tout le prix.* »

C'est à cette épouvantable accusation que je vais répondre ; et de même qu'un écrivain célèbre (Bergasse), disait autrefois à Beaumarchais : *Reprenez votre insolente estime,* je commencerai par dire à M. le comte Decaze : *Reprenez vos ménagements perfides : notre conscience, loin d'en* SENTIR TOUT LE PRIX, *s'en irrite et les repousse.*

Vainement s'obstinerait-il à se renfermer encore dans ce silence, qu'il ose nous présenter comme un bienfait. Tant qu'il n'a fait qu'user du pouvoir discrétionnaire que lui avait conféré la loi du 29 octobre, il a pu n'être comptable de sa conduite qu'envers le Monarque : mais depuis qu'il s'est permis de former une accusation solennelle et publique, il a perdu le droit d'in-

voquer cette loi pour justifier son *silence*. Il
faut qu'il *parle* pour motiver son accusation ;
il faut que le combat s'engage entre nous corps-
à-corps, et que les tribunaux prononcent entre
l'accusateur et l'accusé.

Quoi ! la loi du 29 octobre parle *d'attentat
à la personne ou à l'autorité du Roi*, *à celles
de la famille royale*, *ou à la sûreté de l'État*,
et il serait permis à M. le comte Decazes de
nous signaler à la France, à l'Europe entière,
comme des hommes prévenus d'un de ces trois
forfaits, sans être obligé d'en administrer les
preuves !....

Quoi ! il aurait l'odieux privilége d'associer
par une affreuse réticence, à son accusation,
la mauvaise opinion que les hommes ont natu-
rellement les uns des autres, et surtout l'é-
tonnante propension du vulgaire à croire le
mal (1) ; et nous n'aurions pas même l'espoir
réservé aux hommes accusés des plus grands
crimes, de voir proclamer notre innocence par
les oracles de la justice !....

Non, cela ne peut pas être. Puisqu'il s'est
constitué publiquement *accusateur*, il faut qu'il

____

(1) *Nam est vulgus ad deteriora promptum.* (Tacite,
Annal. 15, 64.

en remplisse toutes les obligations , qu'il en coure toutes les chances ; et , soit qu'il nous retienne arbitrairement dans les cachots , soit qu'il brise nos fers , notre voix fera toujours entendre à ses oreilles ce double cri que toute sa puissance ne saurait étouffer : DES PREUVES ET DES JUGES !......

Dira-t-il que l'intérêt de l'Etat lui fait un devoir de se taire ? L'intérêt de l'Etat commande le secret, en négociations , mais non pas lorsqu'il s'agit d'une accusation, quelle qu'en soit la nature. La politique doit toujours être d'accord avec la morale, et la morale ne permet pas qu'un citoyen puisse être attaqué dans son honneur sans qu'on lui laisse en même temps la faculté de se défendre ; car la société serait dissoute là où le contraire arriverait.

M. le comte Decaze ne peut plus d'ailleurs, aujourd'hui, invoquer cette excuse. Il n'a motivé son silence que sur *notre propre intérêt*; et comme nous savons mieux que lui ce qui nous convient, nous persistons dans une demande qui pourra sans doute l'embarrasser , mais dont *sa conscience sentira toute la justice.* — DES PREUVES ET DES JUGES ;...

En attendant qu'il réponde à cet appel , voici quelques observations dont le public appréciera l'importance.

On se rappelle que le Ministre communiqua au président de la commission des pétitions, en réponse au désir qu'elle lui avait exprimé d'obtenir de lui des renseignements sur les faits dénoncés par ma fille, le carton qui renfermait les papiers saisis à mon domicile, le procès-verbal d'arrestation et de perquisition, nos interrogatoires et les déclarations des divers ouvriers employés à l'imprimerie du journal.

Ou ce carton contenait toutes les pièces propres à justifier notre arrestation, ou M. le comte Decaze avait encore d'autres motifs à alléguer.

Dans le premier cas, comment se permet-il aujourd'hui d'avancer que *la gravité de l'accusation qui pese sur nous, lui commande un silence dont notre conscience sentira tout le prix*, puisque toute l'instruction faite, à la police, atteste que nous n'étions prévenus d'autre chose que d'avoir imprimé un pamphlet ayant pour titre : *Conséquences immédiates du système adopté par le ministère* ? (Voir nos interrogatoires, dans les notes ci-après.)

Et dans le second, outre qu'il aurait été ridicule de mettre sous les yeux du président de la commission un dossier tout-à-fait étranger *à la gravité de l'accusation qui aurait pesé sur nous ;* comment concevoir que le ministre n'eût pas dit, alors, quelque chose de semblable à ce qu'il a dit plus tard ?

Or , M. le comte de *Saint-Aldegonde* a été entendu dans la séance du 29 novembre, et tout le monde sait qu'il a rendu compte des faits de manière à ne pas permettre de douter que M. le comte Decaze se borna à lui donner communication du dossier.

J'insiste sur ce fait, parce qu'il prouve d'une manière irrécusable, que, dans la pensée du ministre, tout se réduisait alors au soupçon que j'étais l'imprimeur du pamphlet dont j'ai parlé ; et que le langage qu'il a fait entendre, depuis, n'est qu'une machination qu'il a cru devoir employer pour justifier sa propre conduite.

Peut-être quelques personnes croiront - elles que les papiers saisis chez moi présentent des indices de l'accusation vague sous le poids de laquelle le ministre a voulu nous accabler : mais ce serait une erreur, car nos interrogatoires n'ont roulé que *sur l'impression du pamphlet*, et personne ne croira qu'on ne nous eût pas adressé d'autres questions, si mes papiers avaient offert des traces d'un autre délit.

Vainement chercherait-on aussi à se persuader que le soupçon seul relatif au pamphlet suffit pour légitimer les expressions dont s'est servi le ministre : dans cette hypothèse les motifs qui lui ont *commandé un silence dont notre conscience doit sentir tout le prix*, l'auraient déterminé à refuser à la commission toute espèce de renseignements ; et d'un autre côté, cet écrit qu'on ne m'accuse pas d'avoir composé, mais seulement *imprimé* ; cet écrit qui ne constituerait contre son auteur la prévention d'aucun des crimes définis par le Code pénal ou par la loi du 29 octobre 1815, l'établirait bien moins encore à mon égard, car il ne me rendrait passible que de peines correctionnelles dont je pourrais même m'affranchir en nommant l'auteur, si je le connaissais, et si j'étais capable d'une telle bassesse.

A la vérité, l'article 285 du Code pénal déclare relativement aux écrits qui contiendront quelques provocations à des crimes ou délits, que l'imprimeur sera puni des mêmes peines que le provocateur : mais tant qu'on ne prouvera pas que les *Conséquences immédiates du système adopté par le ministère*, contiennent une telle *provocation* (et j'en appèle à toutes les personnes qui ont pu en avoir connaissance), je n'aurai mérité, en supposant que j'en sois l'imprimeur, qu'une peine correctionnelle réductible à une peine de simple police si j'en révèle l'auteur.

Raisonnerai-je maintenant comme si ce pamphlet présentait véritablement une provocation au crime ? Mais il faudrait du moins, pour que la loi du 29 octobre 1815 me fût justement appliquée que le ministre eût contre moi des *motifs graves de prévention*, car si on lui a conféré le droit de faire arrêter des *prévenus*, on ne l'a pas autorisé à faire arrêter des *suspects* ; et loin que les perquisitions faites à mon domicile aient produit une juste *prévention*, c'est une chose certaine : 1° Qu'on n'y a pas même saisi un seul exemplaire du pamphlet ; 2° que les experts appelés à examiner si les caractères qui servaient à imprimer le journal étaient les mêmes que ceux de l'écrit, tout en déclarant qu'il y avait quelque ressemblance (ce qui ne prouverait rien, fût-elle parfaite , parce qu'on emploie les mêmes caractères dans presque toutes les imprimeries), ont ajouté que celui du journal paraissait *moins neuf* ; 3° enfin , qu'on n'a pas trouvé chez moi la plus petite portion du caractère dont on avait eu besoin pour former le *titre*.

Je ne puis donc pas être considéré comme *prévenu* du fait de l'impression. Voyons , à présent, quoique la loi , quoique la circulaire adressée par M. le comte Decaze aux préfets , défendent formellement d'arrêter des *suspects* (1) ; voyons,

---

(1) Ce n'est pas sans dessein (disait-il dans ces instructions) que la loi désigne ceux qu'elle doit atteindre par la désignation de *prévenus* ; elle a voulu ainsi faire connaître que ce n'est point *sur de simples soupçons*, *sur des dénonciations vagues* , qu'on doit priver un citoyen

dis-je, si l'on peut du moins m'appeler de ce nom ?

Avant d'admettre l'accusation, les Romains examinaient la qualité et la réputation de l'accusateur et des témoins, la *possibilité*, la *vraisemblance* et les détails des faits circonstanciés : *causá scilicet cognitá.*

Cette jurisprudence est fondée sur des motifs puissants. L'accusation est une voie extraordinaire et violente qui compromet l honneur, le repos, la fortune et quelquefois la vie de l'homme le plus honnête et le plus tranquille. Or tout citoyen, trop faible pour être heureux s'il reste isolé, ne s'est mis en société que pour vivre sous la protection des lois. Donc le citoyen vertueux et paisible ne doit pas être exposé à une accusation invraisemblable.

---

de sa liberté, et que ses dispositions ne devront être appliquées que lorsque l'insuffisance, *et non l'absence de preuves*, empêche de soumettre l'affaire aux tribunaux. »

Plus loin, il déclarait que le prévenu ne pourrait être déposé que dans les maisons de détention ordinaires.

Cependant il m'a retenu, pendant onze jours, à la préfecture de police, qui n'est pas *une maison de détention ordinaire.*

Enfin il terminait en menaçant de *toute la sévérité du gouvernement* les fonctionnaires qui commettraient des *abus*, ou même des *négligences.*

Si M. le comte Decaze à qui ces principes doivent être aussi familiers qu'à nous-mêmes, puisqu'il a été magistrat, les avait bien médités lorsqu'on m'a signalé à lui comme l'imprimeur du pamphlet ; s'il s'était pénétré de l'idée que plus le pouvoir que lui donnait la loi du 29 octobre était immense et hors des régles communes, plus sa *responsabilité morale* exigeait qu'il prît de précautions pour ne commettre aucune injustice ; il aurait senti que je ne pouvais pas être soupçonné du moindre délit contre un ordre de choses que j'avais appelé de tous mes vœux.

Il n'ignorait pas mes longs services ; et les eût-il ignorés, la pétition de ma fille lui en a retracé le tableau ; cependant, il a persisté dans les mesures violentes qu'il avait prises contre moi, et il s'est acharné à persécuter sa victime, en me présentant comme un homme indigne du vif intérêt que j'avais inspiré !.....

Ah ! qu'il me donne DES JUGES, ou qu'il se résigne à passer pour un calomniateur !

Que dirai-je maintenant de ce pair de France (M. le comte de Lally-Tolendal) qui, avant même que la discussion s'engageât dans la chambre des députés sur la plainte de ma fille, et par conséquent, dans un moment où l'on pouvait encore douter s'il ne serait pas appelé à *juger* mon adversaire, est monté à la tribune de la chambre des pairs, pour embrasser sa défense et se porter notre accusateur (1)? Certes, j'ai bien le droit de le sommer aussi d'administrer des preuves de ce qu'il a avancé.

Justement étonnée qu'il eût méconnu à ce point ses devoirs, ma fille lui écrivit la lettre suivante :

M. le Comte,

« Je n'ai pas appris sans le plus grand étonnement, que la pétition que j'ai eu l'honneur d'adresser aux deux chambres, dans l'intérêt de mon père, était devenue pour vous le sujet d'une sortie véhémente contre lui.

» Je conçois sans peine, que la conduite du ministre que j'accuse vous ait paru exempte de blâme, quoique le plus grand nombre des *hommes estimables* de tous les parties en ait jugé autrement : votre opinion a pu se former d'après celle de mon redoutable adversaire, et j'ai peut-être à me reprocher de n'avoir rien fait pour vous en donner une meilleure.

» Mais ce qui a droit de me surprendre, c'est que vous vous soyiez exprimé à l'égard de mon père de manière à faire entendre qu'il ne mé-

---

(1) Voyez le procès-verbal de la séance du 26 novembre.

ritait pas l'intérêt que j'invoquais pour lui ; car ces sortes de réticences sont mille fois plus perfides qu'une accusation directe, parce qu'elles autorisent toutes les conjectures ; et vous devez le savoir mieux que personne, M. le Comte, vous dont le père fut victime de semblables manœuvres ; vous qui avez été réduit à faire tant et de si honorables efforts pour obtenir la réhabilitation de sa mémoire.

« Vous trouverez donc tout simple, j'aime à le penser, qu'imitant votre piété filiale, je me plaigne de votre procédé ; et vous éprouverez sans doute le regret d'avoir aggravé la situation d'un homme que *vingt-sept années de fidélité et de persécutions rendaient digne d'un meilleur sort.*

» J'ai l'honneur d'être, en attendant votre réponse, avec la plus haute considération,

M. le Comte,

Votre très-humble et obéissante servante,

Signé ANTOINETTE ROBERT.

Les égards que l'on doit au sexe et au malheur, autorisaient ma fille à espérer une réponse : mais non content de garder le silence sur cette lettre, M. le comte de Lally-Tolendal a reparu, une seconde fois, à la tribune, pour se plaindre de la briéveté avec laquelle on avait analysé dans le procès-verbal son opinion relativement à la pétition qui me concernait, et pour demander qu'on y exprimât d'une manière plus littérale, la déclaration dont voici le texte :

« Quant à moi, je ne crains pas de le déclarer
» à la chambre : d'après plusieurs faits particu-
» liers qui sont à ma connaissance, d'après des
» témoignages auxquels je porte une confiance
» religieuse, je crois en conscience que peu de
» personnes peut-être ont plus mérité d'être
» frappées de la loi du 29 octobre que le
» prisonnier pour lequel on réclame notre in-
» tervention (1). »

Je vois bien que le noble pair n'a fait en cela que ce que faisaient les *perroquets* de Pondichéry, qu'on avait instruits à répéter toutes les calomnies sous le poids desquelles son malheureux père succomba (2) ; mais comme le

______

(1) Voyez le procès-verbal de la séance du 30 novembre.

(2) La haine qu'il avait inspirée était tellement forte qu'on avait exercé les perroquets à répéter toutes les imprécations, toutes les calomnies dont il était l'objet ;

rôle qu'il joue dans la société est d'une toute autre importance que celui d'un *perroquet*, je le prie de vouloir bien m'indiquer la source où il a puisé ces *faits*, ces *témoignages* ; et l'invite aussi à jeter les yeux sur les dispositions du code pénal en matière de calomnie.

Il y verra que l'imputation de faits, qui, s'ils existaient, exposeraient celui contre lequel ils sont articulés à des poursuites criminelles ou correctionnelles, ou même l'exposeraient seulement au mépris ou à la haine des citoyens, constitue la *calomnie*.

Il y verra que toute imputation de ce genre est réputée fausse si l'on n'en rapporte pas la preuve légale.

Il y verra que la loi ne considère, comme preuve légale, que celle qui résulte d'un *jugement*, ou de tout autre acte authentique.

Or, puisqu'il n'a pas pu dire de moi que j'étais du nombre des personnes *qui avaient le plus mérité d'être frappées de la loi du* 29 *octobre*, sans dire en même-temps que j'étais coupable de l'un des crimes qu'elle a prévus ; et puisque ni les *faits* ni les *témoignages*, sur lesquels

---

et on en avait lâché dans les bois un si grand nombre, qu'on ne pouvait y faire un pas sans entendre, de toute part, les accusations dont il finit par être la victime.

il s'est appuyé ne constituent la *preuve légale* de cette horrible imputation ; je lui laisse le soin d'examiner quel est le parti qu'il doit prendre, et quel est celui qu'il prendrait lui-même s'il était à ma place.

Toutefois, et attendu qu'il n'est pas le seul qui ait tenté de me diffamer, je crois devoir entrer ici dans quelques détails qui fermeront la bouche à mes détracteurs.

On avait cherché d'abord à m'attaquer dans mon honneur : mais la providence a permis que des actes authentiques ou des feuilles publiques fussent des témoins muets et irrécusables d'une conduite civile et politique aussi pure que la lumière.

Il a donc fallu recourir à d'autres moyens : Alors on a imaginé de me présenter comme un *agent de la Russie et de l'Angleterre* ; et comme on a trouvé dans mes papiers des traces d'une correspondance avec M. le baron de *Mérian*, conseiller intime de l'empereur Alexandre, et une lettre d'un sieur *Viret*, anglais, on s'en est servi pour accréditer l'accusation.

Mais ce qu'il m'importe qu'on sache, puisque mes ennemis affectent de le taire, c'est que ma correspondance avec M. le baron de Mérian est uniquement relative aux intérêts du prince Wolkonsky, aide-de-camp de S. M. l'empereur de

Russie, dont les affaires ont été confiées à mes soins ; et que la lettre du sieur *Viret*, s'explique d'une manière d'autant plus naturelle, que je lui ai été indiqué comme conseil par madame la duchesse de..., ; au sujet d'une créance de recouvrement de laquelle il m'a chargé.

Il n'est personne, au surplus, qui ne sente que si les puissances étrangères croyaient avoir besoin d'avoir ici des agents français pour savoir ce qui se passe dans notre cabinet, c'est dans ce cabinet même qu'elles les chercheraient, et non pas dans des hommes qui ne jouant aucun rôle dans l'administration, ne pourraient jamais, quelque volonté qu'ils en eussent, parvenir à connaître les secrets du gouvernement.

Ajoutons, et cette considération n'est pas la moins forte, qu'il n'est pas vraisemblable qu'un ami du Roi et de son pays fasse la moindre chose qni puisse en compromettre la sûreté. C'est tout ce qu'on pourrait croire de ces hommes qui ne savent jamais repousser les moyens de fortune qui laissent des sujets de remords ; de ces hommes qui ne se trouvent pas assez riches quand ils n'ont que 20,000 fr. de rente ; de ces hommes qui trahirent le Roi, au 20 mars, qni le trahiraient encore s'ils pouvaient en recueillir quelque avantage ; de ces hommes qu'on retrouve depuis 27 ans partout où il y a des places et de l'argent à gagner ;

3

de ces hommes enfin qui peu de jours avant la seconde rentrée de nos princes, offraient la couronne de France aux étrangers ; mais on ne le croira jamais de celui qui a constamment sacrifié ses intérêts à ses devoirs.

On a bien essayé aussi de faire entendre que j'étais l'agent d'un autre parti dont les hommes qui se sont déclarés tout-à-coup les amis de la *légitimité*, mais qui ne la veulent que *viagère*, cherchent par toutes sortes de calomnies à accréditer l'existence. On m'a même adressé, lors de mes interrogatoires à la police, une proposition insidieuse qui tendrait à ce but, et *qu'il ne m'a pas été possible d'obtenir qu'on y insérât*. Mais que peuvent ces atroces imputations ? Ma vie entière les repousse, elle est le gage du respect profond que je conserverai jusqu'à mon dernier soupir pour l'ordre de successibilité légitime ; et je défie mes lâches adversaires d'offrir la même garantie.

Ainsi s'évanouissent tous ces bruits mensongers à la faveur desquels on s'était flatté de m'isoler de tous mes amis, et de détruire l'intérêt que le noble dévouement de ma fille avait inspiré. J'ai tout discuté, tout éclairci ; et je m'abuse étrangement, ou je crois avoir porté dans tous les esprits la conviction de mon innocence.

Et c'est lorsqu'il n'existe aucun indice contre nous, lorsque tout se réunit, au contraire en notre faveur ; c'est lorsque rien ne nous accuse, lorsque tout nous disculpe, qu'il serait permis au ministre de nous écraser sous le poids de la plus terrible accusation, sans être obligé de la justifier?... Non, la justice et la morale s'y opposent. En s'exprimant à la tribune comme il l'a fait, il a nécessairement contracté l'obligation d'administrer *ces preuves claires, positives, entraînantes devant lesquelles la raison doit fléchir, sans lesquelles un homme, quel que soit son rang, n'a pas le droit de flétrir l'honneur de son semblable.*

Tels ont été les principes de notre législation criminelle dans tous les temps.

Quand on accuse, à la face de l'Europe un Français qui depuis vingt-sept ans a constamment exposé sa vie pour son prince, de faits graves et d'une telle gravité qu'ils ne doivent pas être rendus publics, le prévenu a le droit de crier : *Ne m'assassinez pas avec le poignard de la calomnie!* (1).

---

(1) Une chose digne de remarque, et qu'il est difficile de concilier avec la *gravité de l'accusation* dont le ministre a parlé, c'est que vingt-quatre heures après que ma fille eut publié sa pétition, elle obtint, pour sa mère et pour elle, *sans en avoir fait la demande*, la permission de me voir *en présence d'un témoin;* et que, dès le lendemain même de la discussion qui avait eu lieu

Traînez-moi donc, M. le Comte, devant mes juges, qui m'entendront s'il le faut, à huis-clos, puisque la loi leur en a donné la faculté. Vous ne pouvez vous y refuser sans laisser croire que votre silence n'est qu'une perfide combinaison pour me perdre, et sans m'autoriser à vous demander ce que vous penseriez de moi, si, me reportant aux souvenirs de votre vie politique, antérieure à la restauration, je vous accusais, *sans preuves*, de vouloir me faire expier, *au nom du Roi*, tout ce que j'ai fait d'honorable contre la dynastie qui n'est plus.

Il me reste à examiner le projet de loi proposé par le ministre, pour remplacer celle du 29 octobre ; mais, avant de me livrer à cette discussion, je crois devoir dire un mot sur la manière dont il a qualifié la démarche de ma fille.

S'il faut l'en croire, elle a fait une réclamation *dont la piété filiale qui l'a dictée peut seule excuser l'*IMPRUDENCE.

---

dans la chambre des députés , *le secret fut entièrement levé.*

Expliquez-nous donc , si vous le pouvez , comment il se fait que vous vous soyez relâché de votre rigueur, à l'instant même où je vous paraissais le plus criminel ?..

J'avais cru que, sous un gouvernement paternel, et par conséquent *moral*, une fille, qui réclamait la mise en jugement de son père, ne commettait pas d'*imprudence*. Elle parlait au nom de la nature, au nom des lois : quel est l'homme assez malheureusement né pour ne pas entendre ce langage ? Tout ami de l'ordre social devrait payer, ce me semble, un tribut d'estime à un enfant qui, *surtout sous l'empire de la loi du 29 octobre*, a le courage de solliciter l'intervention de la justice, pour que l'innocence de son père, injustement détenu, soit proclamée, pour que sa liberté lui soit rendue.

On a reproché, il y a long-temps, aux théologiens d'avoir professé que, quiconque ne partageait pas leur opinion, était digne de mort; mais les fastes de l'histoire ne nous apprennent pas qu'on ait jamais appelé hautement *imprudente*, la démarche d'une jeune fille qui s'élance au milieu des gardiens de la liberté publique, pour solliciter leur intérêt, leur justice, en faveur de l'auteur de ses jours.

Quand, pendant l'interrégne, cette même fille pénétra, presque forcément, dans le cabinet particulier de *Fouché*, alors ministre de la police, pour lui demander l'élargissement de son père, arrêté, depuis dix jours, comme **agent du Roi**; Fouché la reçut avec aménité, lui promit de me rendre libre sous vingt-quatre heures, et tint parole.

J'étais cependant, alors, plus que *soupçonné*, plus que *prévenu* d'être l'ennemi du gouvernement; il n'aurait pas fallu de grandes recherches pour me faire *condamner* comme tel ; et je les aurais même épargnées, tant j'étais fier de tout ce que j'avais fait pour mon Roi !

Il était réservé à monsieur le comte Decaze de traiter ma fille et moi avec plus de rigueur que ne l'avait fait *un ministre de Bonaparte*, et de méconnaître ce respect pour les droits du sang que la nature a gravé dans tous les cœurs.

DEUXIÈME PARTIE.

OBSERVATIONS SUR LE PROJET DE LOI.

Tous les hommes sages éprouvèrent de vives alarmes lorsque le ministère proposa la loi du 29 octobre 1815 : mais comme nous étions alors dans des circonstances extraordinaires ; comme les factieux poussaient, chaque jour, l'audace jusqu'à faire entendre les cris les plus révoltants sous les fenêtres même du palais de nos rois, comme *l'impatience à laquelle leur rage avait été réduite depuis la chute de l'usurpateur, loin de se modérer, n'avait fait que s'accroître de tout ce que les malheurs publics et privés pouvaient donner de force à leurs déclamations* (1) ; comme on ne paraissait avoir d'autre but que de *réprimer les grands coupables, de prévenir les attentats de ces hommes auxquels le remords est étranger, que le pardon ne peut ramener, que la clémence offense, que rien ne peut rassurer parce qu'il est des consciences qui ne se rassurent point* (2) ; enfin,

____

(1) Voyez le discours du ministre de la police.

(2) *Ibid.*

comme le ministre ne se lassait pas de répéter qu'EUX SEULS *seraient frappés par cette loi;* les deux chambres se déterminèrent à l'adopter.

Mais tout étant rentré dans l'ordre, et le Roi ayant annoncé de la manière la plus solennelle tant dans son ordonnance du 5 septembre, que dans son discours d'ouverture de la chambre des députés, qu'il voulait la stricte exécution de la charte, et qu'*il ne permettrait jamais qu'on lui portât la moindre atteinte ;* on avait regardé la loi du 29 octobre, comme abrogée par cette auguste déclaration ; et personne ne soupçonnait qu'il pût venir dans la pensée des ministres de provoquer de nouvelles mesures qui là contrariâssent.

Quelle n'a donc pas dû être la surprise de tous les Français lorsqu'on a vu M. le comte de Cazes se mettre en opposition avec la volonté royale et solliciter une loi plus terrible que celle du 29 octobre !

Il avoue, dans son discours, que *les ennemis de l'ordre sont conduits par le sentiment de leur faiblesse à abandonner leurs desseins et jusqu'à leurs espérances, que la confiance renaît dans le cœur des bons citoyens; que le triomphe des lois* RÉGULIÈRES SE CONSOLIDE *de jour en jour; que la force du gouvernement étant démontrée, il a moins* BESOIN *d'en faire usage;* et malgré tous ces gages de sécurité, il réclame encore un *pouvoir discrétionnaire !..*

Que dit-il donc pour en démontrer la nécessité ? Il dit qu'*on ne saurait passer brusquement et sans transitions progressives, d'un état extraordinaire à un état parfaitement régulier.*

Mais s'il est vrai, comme son discours l'annonce, que le nombre des détenus ne se soit jamais élevé *au-dessus de quatrecents-dix-neuf* dans toute l'étendue de la France; s'il est vrai, comme il en fait aussi l'aveu, *qu'on ait pu accuser quelques administrateurs d'avoir usé avec trop peu de réserve et de prudence du pouvoir dont ils étaient investis;* s'il est vrai, par conséquent, qu'il y ait eu des victimes parmi *les quatre cent dix-neuf détenus*; enfin s'il est vrai qu'au premier décembre ce nombre fût réduit à TRENTE-UN; j'en conclurai qu'on peut, sans inconvénient, *passer brusquement et sans transitions progressives,* d'un état *extraordinaire* à un état *protecteur.*

Comment concevoir, en effet, que quatre cent dix-neuf individus contre lesquels on n'a pas même réuni assez d'indices pour les priver de leur liberté pendant toute la durée de la loi, puissent être dangereux?

Comment concevoir, sur-tout, que les *trente-un* qui sont encore dans les fers, soient un obstacle à la paix publique?

Certes, plus le nombre des hommes contre lesquels on a sévi est petit, plus il est naturel de croire, non pas seulement qu'on n'a plus besoin aujourd'hui de mesures semblables, mais même qu'elles ont été inutiles; car enfin c'est une chose avérée, que la loi du 29 octobre n'a servi à prévenir ni la sédition de

Grenoble, ni la conspiration de *Pleignier*, ni celle qui tendait à s'emparer de la place de Vincennes après en avoir empoisonné la garnison.

Je me défie d'ailleurs des *transitions progressives*, parce qu'avec un pareil système, on pourrait nous priver pendant long-temps des bienfaits de la charte. La *transition* d'aujourd'hui consiste à faire revêtir les ordres d'arrestation, de deux signatures au lieu d'une ; en 1818 on nous en offrirait une de plus ; et avant qu'on eût épuisé le ministère tout entier, il s'écoulerait plusieurs années pendant lesquelles tous les citoyens auraient à trembler pour leur liberté.

Mais, dit ensuite le ministre, *il faut que cette arme puissante repose encore entre les mains de l'autorité, pour inspirer aux ennemis de l'ordre un effroi salutaire.*

Si M. le comte de Cazes ne veut qu'inspirer de *l'effroi,* son propre ministère lui en donne tous les moyens. Ne voyons-nous pas, en effet, dans chaque département, circuler autour des familles, des fonctionnaires publics qui ont l'œil et l'action de la police ; un préfet, cinq sous préfets, un commissaire général de police, plus de cent-cinquante commissaires de police, un commandant militaire, une gendarmerie nombreuse, un procureur général, cinq procureurs du roi, un prévôt, des inspecteurs-généraux de police, et un grand nombre d'*observateurs,* de toute condition, de tout sexe, de tout âge ?

En voilà bien assez, sans doute, pour inspirer un *effroi salutaire* à la malveillance.

Qu'importe ensuite que le ministre affecte de répéter à chaque phrase de son discours, *le Roi veut?* Il ne fait que nous rappeler ce conseiller-d'État, Pussort qui, lors de l'examen de l'ordonnance de 1670, et lorsqu'il était contredit par les magistrats du parlement, se couvrait de la pensée, de l'intention, de la *volonté du Roi*, qu'il trompa sans doute ou qu'il n'instruisit pas ; car Louis XIV était humain et juste.

Outre que la *volonté* du Roi ne se manifeste que lorsqu'il sanctionne la loi discutée dans les deux chambres, nous connaissons déjà toute sa pensée : *je ne souffrirai jamais qu'il soit porté la moindre atteinte à la charte.* Et cette pensée doit commander le respect à M. le comte de Cazes comme elle le commande à tous les Français.

Je livre ces réflexions préliminaires à la méditation des chambres, et passe à la discussion des motifs principaux par lesquels on a cherché à obtenir leur suffrage.

L'application de la loi, a-t-on dit, *est réservée aux ministres seuls.*

Ce n'est plus *l'exécution*, mais c'est *l'application* de la loi, qu'on demande pour les ministres.

Les ministres auront donc plus d'autorité que le Roi qui n'a, aujourd'hui, que la puissance *exécutive* et la dernière analyse de la participation à la confection de la loi? Ils seront donc placés au-dessus du trône, et pourront exercer une autorité que le monarque lui-même n'a pas voulu se réserver?... Quel système!

L'élévation de leurs fonctions, continue l'orateur, *est une assurance qu'ils n'appliqueront la loi que dans les circonstances où les grands intérêts qui leur seront remis l'exigeront impérieusement.*

C'est par une raison contraire, que je dis : plus les hommes ont des fonctions élevées, moins on doit leur confier de pouvoirs.

Et si les ministres (à Dieu ne plaise que je fasse une apostrophe à ceux qui le sont aujourd'hui) abusaient de cet immense pouvoir d'arrêter et de détenir qui ils voudraient, à qui donc rendraient-ils compte de leur conduite? L'article 56 de la Charte dit bien qu'ils peuvent être accusés pour fait de trahison ou de concussion : mais il ajoute que des lois particulières spécifieront cette nature de délits. Or, ces lois si nécessaires, ne sont ni faites, ni même proposées; et fussent-elles en vigueur ils seraient, quant à l'exercice de ce pouvoir, hors de la responsabilité, parce-qu'elle ne peut s'appliquer qu'aux règles communes; et qu'ils exciperaient de l'espèce de dictature dont on les aurait investis.

Supposons aussi, car les lois ne doivent pas être faites d'après le caractère des hommes qui sont en place lorsqu'on les fait, mais de manière à ce que ceux qui leur succéderaient ne puissent en abuser; supposons, dis-je, qu'un nouveau ministre de la police fût capable de trahir son maître : il pourrait faire arrêter, au même instant, sur tous les points de la France, les citoyens dont il redouterait les sentiments et le courage; et la Monarchie serait encore une fois renversée, sans qu'il eût été possible de prévoir cette horrible catastrophe.

Qu'importe que dans le système du projet de loi, les mandats d'arrêt doivent être signés par le ministre de la police et par le président du Conseil? Qui de nous n'a pas connaissance de la manière dont se traitent partout les affaires? Un corps écoute celui de ses membres qui lui rapporte des faits, et signe presque toujours de confiance la résolution qu'il présente.

Comme on le voit, le Roi ne rend pas une ordonnance contresignée par les ministres, pour arrêter ou détenir; ils délibèrent, hors sa présence; et voilà que des agents qui ne peuvent rien faire qu'en son nom, auront le pouvoir, à force d'arrestations, de mettre en péril son royaume et sa personne!...

Il y a une garantie plus forte encore et plus rassurante, dit le ministre : *c'est que le procureur du roi, averti dans les vingt quatre-heures de l'arrestation, entendra le détenu, recevra ses réclamations, les transmettra au ministre de la justice qui les portera au pied du trône, et le conseil entier sera appelé à statuer.*

Mais à quoi servira au prévenu de se faire entendre par le procureur du roi? S'il ignore, comme je l'ignore moi-même, les motifs de son arrestation, si la *gra-*

vité de l'accusation n'est connue que du ministre; si celui-ci dit qu'elle lui commande le *silence* ; le prévenu ne pourra pas la détruire, et le *conseil entier* n'aura pour former sa décision, d'autres éléments que les faits allégués par le ministre, que ses collègues seront presque toujours disposés à croire, et qui, par le plus monstrueux système, cumulera les fonctions *d'accusateur* et de *juge.*

Qui nous assure, d'ailleurs, que le procureur du roi sera toujours véritablement averti dans les vingt-quatre heures ? Qui nous assure, sur-tout, que dans le cas où on lui transmettrait à l'égard d'un prévenu qui serait la victime d'une vengeance person-nelle, l'ordre de ne pas l'entendre, il aura des principes moraux assez arrêtés et un caractère assez fort pour oser sacrifier à ses devoirs la crainte de perdre des fonctions qui ne sont point inamovibles ?

Elle n'est donc ni forte, ni rassurante, cette garantie ministérielle qu'on nous annonce avec tant de faste, et elle le paraîtra bien moins encore si on la compare avec la garantie constitutionnelle.

En effet, la hiérarchie du pouvoir judiciaire, absolument indépendant, donne au prévenu cinq juges devant le tribunal de première instance, pour apprécier les faits et les charges de la prévention. Elle lui accorde ensuite cinq juges, à la cour royale, pour le délier de l'accusation ou pour la déclarer ; elle le remet à la conscience de douze jurés, et quelquefois de cinq juges, s'il est accusé ; enfin elle lui offre onze juges au moins, dans la cour de cassation, pour confirmer ou casser l'arrêt qui l'a condamné. Il a donc dans quarante-quatre magistrats hors de toute dépendance, une grande et puissante garantie contre l'arbitraire.

Dans le projet ministériel, au contraire, il va trouver, pour prononcer sur ses moyens de défense, les mêmes hommes (quelquefois quatre seulement) qui, par cela seul qu'ils auront ordonné son arrestation, ne seront pas libres d'être justes, car il faudrait n'avoir aucune connaissance du cœur humain, pour ne pas redouter les effets de la prévention, penchant d'autant plus funeste, qu'il tient de plus près à la nature; et ce faux amour-propre qui fait que peu d'hommes sont capables d'avouer les erreurs qu'ils ont commises.

Toute justice émane du Roi. Elle s'administre en son nom par des juges qu'il nomme et qu'il institue.

Telle est la disposition de l'article 57 de la Charte. Or, je le demande, comment pourrait-on concilier une clause aussi formelle avec une loi qui substituerait le ministère aux magistrats dans l'administration de la justice, sans le soumettre à ces règles tutélaires qui veulent de la manière la plus impérative qu'on ne puisse arrêter aucun individu, que pour le livrer aux tribunaux?

Il ne s'agit pas ici de juger, me dira-t-on, mais seulement d'arrêter et de détenir.

Lorsqu'un délit capital est dénoncé à la justice, une inflexible sévérité doit diriger les poursuites du magistrat; la gravité des motifs légitime la rigueu des mesures; tout intérêt individuel doit céder l'empire du bien public; la loi de la nécessité est l seule consultée, et les citoyens doivent subir sar murmures toutes les recherches dont ils peuve devenir l'objet, tous les inconvéniens dont i peuvent éprouver le préjudice. C'est une det qu'ils payent à la patrie et à leur propre sûret que d'obéir aux lois qui les protégent lors mên qu'elles semblent les opprimer.

La Charte et les honnêtes gens! Craignons de r voir à la place du souverain légitime, un nouvel A tila. La justice positive est la sauve garde de la libe publique, comme de la liberté individuelle. Touch aux lois qui dérivent de la Charte, ou faire des l qui, quoique transitoires, ne sont point en rappo avec la Charte, c'est sapper la société elle-même, p ses principaux fondemens.

Voilà, voilà les vrais principes : ou, pour mieu dire, voilà la loi dont parle Cicéron, cette loi ir née et non donnée, cette raison éternelle et sou veraine, qui est l'instinct de la nature, et l'essenc de la vérité.

Il ne s'agit pas de juger! Mais n'est-ce don rien que d'être des jours, des mois, des années, dan les fers? une fortune arrètée, un public avide d'é vénements bizarres, la calomnie qui laisse toujour;

sa cicatrice, le poids de l'accusation, qui pèse sur la tête de l'innocent, comme l'épée de Denys, suspendue par un fil sur la tête de Damoclès; le séjour, les nuits affreuses de la prison; la honte, le découragement, le désespoir, au-dessus desquels ne s'élève pas l'innocence la plus pure; enfin des amis inquiets, une épouse désolée, des enfants abandonnés? tout cela n'est-il rien, et voudriez-vous être ainsi lentement égorgé? Vous êtes froid et insensible, sous l'espoir de n'être point accusé, et vous faites à autrui ce que vous ne voudriez pas qui vous fût fait à vous-même! Ah! tremblez; un sort pareil vous attend peut-être, et vous ne serez pas le premier magistrat compromis, à qui l'on pourrait dire comme à Poyet : *Souffrez de la loi que vous avez faite.*

Qu'importe que, dans votre pensée, ceux que vous voulez frapper soient coupables! la liberté, l'honneur, ne doivent-ils pas dépendre des lois seules, non de préventions secrètes et d'opinions versatiles? Ne peut-on pas dire avec un des premiers oracles de la magistrature, que, *dans l'ordre public, c'est avec la loi seule que l'homme contracte, qu'il s'engage, qu'il se lie par rapport à ce qui regarde la police générale, et l'ordre extérieur de la société; que c'est à la loi seule qu'il doit rendre compte des infractions de la loi même* (1)?

---

(1) M. le chancelier d'Aguesseau, tome 5, page 468.

Direz-vous avec *Delphide*, plaidant contre *Nu-mère*, accusé de péculat, et qu'on ne pouvait en convaincre : *Quel coupable ne passera point pour innocent, s'il suffit de nier ses crimes ?* Nous vous renverrions à cette réponse si sage que lui fit l'empereur Julien : *Et quel innocent ne passera point pour coupable, s'il suffit d'être accusé* (1)?

Poursuivons : — Le détenu, a dit le ministre, ne trouvera pas moins une imposante garantie, dans la certitude que ses réclamations, et les motifs sur lesquels il croira pouvoir les appuyer, auront été *judiciairement* transmis, et que le Roi lui-même aura daigné les entendre.

Judiciairement transmis! Est-ce parce que le procureur du Roi recevra les déclarations, et que le ministre de la justice en fera son rapport au conseil, que l'on appèlera cette transmission *judiciaire?* Le procureur du Roi ne joue ici que le rôle d'un commissaire de police qui reçoit des déclarations. Le ministre de la justice n'est que le rapporteur des motifs d'arrestation et de la défense, ou plutôt de la simple réclamation du prévenu, car celui-ci ignorera le plus souvent les causes qui l'auront fait priver de sa liberté. Il n'y a donc, dans tout cela, rien de *judiciaire.*

Le Roi *jugera!* — Le Roi n'a pas voulu *juger,*

____

(1) *Histoire des Empereurs*, par Tillemont, tome 4, page 505.

il n'a pas voulu administrer la justice. Elle émane de lui, aux termes de l'article 57 de la Charte, que nous avons déjà cité ; mais elle est rendue en son nom par des juges qu'il institue. Au reste, en supposant que le Roi voulût juger, il ne pourrait pas le faire avec cette haute sagesse qui le distingue, puisque le détenu n'aurait pas la faculté de répondre par lui-même, ou par un conseil, aux raisons qu'alléguerait le ministre pour faire consacrer la mesure ordonnée. Il faut que le débat soit contradictoire sur tous les points, ou il faut reconnaître l'impossibilité absolue de *juger*.

Parlons maintenant de l'article 3 du projet : il porte que la loi du 29 octobre 1815, est abrogée, mais il ajoute : les mesures *prises* en exécution de ladite loi, cesseront d'avoir leur effet *un mois* après la promulgation de la présente, *à moins qu'il n'en soit autrement ordonné dans les cas et les formes prescrites par les articles précédents.*

Cette dernière partie est, peut-être difficile à saisir.

Certainement quand un homme a été détenu sous l'empire de la loi du 29 octobre, sa détention doit finir avec l'existence de cette loi.

Le ministre ne peut donner à la loi une plus grande extension que celle qu'elle comporte. Or, cette loi dit, article 1er, : *Le prévenu pourra être détenu jusqu'à l'expiration de la présente, si avant cette époque il n'a pas été traduit de a les tribu-*

naux. Et l'article 4 ajoute : *Si la présente loi n'est pas renouvelée dans la prochaine session des chambres, elle cessera, de plein droit, d'avoir son effet.*

Dire aujourd'hui, que les mesures prises en vertu de la loi du 29 octobre, cesseront d'avoir leur effet un mois après la promulgation de la loi nouvelle, c'est, tout en abrogeant la première, lui donner un mois d'existence de plus ; c'est faire marcher du même pas une loi morte et une loi vivante.

En législation, les mesures cessent à l'instant même que la loi qui les a prescrites, a cessé de subsister.

Donc la loi du 29 octobre étant déclarée abrogée, les prévenus qui n'étaient privés de leur liberté que pour le temps de son existence, doivent la recouvrer.

Ce n'est pas tout : on a vu que, d'après le même article 3, les mesures prises en vertu de la même loi, ne cesseront qu'autant qu'*il n'en sera pas autrement ordonné dans les cas et les formes prescrits par les articles précédents.*

Il y a cette différence entre les deux premiers articles de la loi du 29 octobre et de celle qu'on propose, qu'on ne pourra plus détenir aujourd'hui que les prévenus de *complots* ou de *machinations* contre la personne du Roi, celles de la famille royale, ou contre la sûreté de l'État ; tandis que la loi ancienne portait contre les individus même prévenus de *délits* contre l'*autorité* du Roi.

Est-ce dans le cas où les détenus en vertu de la loi du 29 octobre seraient prévenus de *crimes* ou *machinations*, qu'ils pourront être encore atteints par la nouvelle?

Ou bien, est-ce dans le cas où le conseil du Roi aurait jugé qu'ils doivent continuer d'être détenus?

Dans ces deux hypothèses, il y aurait infraction, 1°. à l'article 2 du Code civil, qui porte : *La loi ne dispose que pour l'avenir, elle n'a point d'effet rétroactif;* 2°. à l'article 1er. de la loi du 29 octobre 1815, qui ordonne la mise en liberté de tout prévenu qui, avant son expiration, n'aura pas été traduit devant les tribunaux.

Les prévenus de *crimes* ou *machinations*, comme les prévenus de *délits*, appartiennent à la loi du 29 octobre.

La détention est une peine. On peut forcer le prévenu à la subir, pour le temps que la loi a fixé, mais pas au-delà. Tels sont les principes en fait de criminalité.

La loi nouvelle retire même le droit d'être placé en surveillance ; droit consacré par celle du 29 octobre. Delà une plus grande rigueur !

Il ne s'agit point ici de *renouveler* la loi du 29 octobre. Le projet déclare même qu'elle est *abrogée*. Le ministre propose de la remplacer, en changeant ses dispositions; il établit pour les prévenus à l'avenir, de nouvelles formalités.

Cependant cette rédaction n'est pas claire, elle

donne lieu à des équivoques, à des interprétations. La dernière disposition de cet article 3 me paraît donc fort inutile.

En résumé, tous les projets de lois qui ne sont point en harmonie avec la Charte, ne sont pas propres, sous quelque prestige qu'on les présente, à rassurer les citoyens, ni à faire sortir et consolider le crédit public.

Ce qui importe, c'est qu'on n'imite pas aujourd'hui la conduite du dernier ministre de la police, en laissant croire, par des lois d'exception, à l'Europe qui nous contemple, comme il cherchait à le lui persuader par ses *Rapports* imposteurs, que l'immense majorité des citoyens n'est pas dévouée à l'auguste dynastie qui nous gouverne.

Ce qui importe, c'est qu'on ne mette dans les mains de personne ces pouvoirs extraordinaires qui sont toujours des armes à deux tranchants, ces pouvoirs dont on se servirait, tour-à-tour, et peut-être même à-la-fois, contre les hommes qui ont figuré dans la révolution, et contre ceux qui, ayant vécu sous l'ancienne monarchie, sont considérés comme ennemis de l'État présent ;

Ce qui importe, c'est qu'on se pénètre bien de cette idée, qu'il n'appartient qu'à la loi d'être la distributrice, comme la dépositaire des peines; et que nul homme sur la terre n'a reçu de la société le pouvoir d'en punir arbitrairement un autre ;

Ce qui importe enfin, c'est que tous les citoyens jouissent des bienfaits que leur promet la Charte.

Nous savons bien, qu'aux termes de l'article 14, de cette loi fondamentale, le monarque a le droit de faire les réglements et ordonnances nécessaires pour l'exécution des lois et la sûreté de l'État.

Mais la situation actuelle de la France ne commande aucune mesure extraordinaire; et j'en appèle à cet égard, au témoignage le plus auguste, c'est-à-dire, à ce passage du discours du Roi, dont voici le texte :

« La tranquillité règne dans le royaume; les dis-
» positions amicales des souverains étrangers, et
» l'exacte observation des traités nous garantissent
» la paix à l'extérieur; et si une entreprise insensée a
» pu causer un instant d'allarme sur notre calme
» intérieur, *elle n'a servi qu'à mieux faire éclater*
» *l'attachement de la nation, et la fidélité de*
» *l'armée* ».

Parlant à la chambre de l'insurrection de Grenoble, il annonce que *cette entreprise insensée n'a servi qu'à mieux faire éclater* L'ATTACHEMENT DE LA NATION ET LA FIDÉLITÉ DE L'ARMÉE.

C'est dans cette même circonstance, qu'il a proféré ces paroles mémorables : *je ne souffrirai jamais qu'il soit porté atteinte à la Charte, cette loi fondamentale; mon ordonnance du 5 septembre le dit assez.*

Ah ! c'est là, c'est là seulement qu'est la véritable pensée du Roi, *qui n'a jamais rien promis en vain* (1).

---

(1) Déclaration de Cambrai.

Tout ce qui tend à contrarier cette promesse sacrée est donc inadmissible; et dès-lors il n'est pas permis de douter que les chambres ne s'empressent de repousser un projet qui viole de la manière la plus manifeste le dépôt précieux qui leur a été confié.

Nota. — L'ordre de nous retenir à la Force, et qu'on nous a communiqué avant notre transport de la Préfecture, ne dit pas que c'est en vertu de la loi du 29 octobre. Il contient seulement : *retiendra au secret les sieurs Robert, père et fils, jusqu'à ce qu'il en soit autrement ordonné par le ministre de la Police générale.*

NOTES
ET
PIÈCES JUSTIFICATIVES.

———

Extraits de nos Interrogatoires , prêtés les 30 , 31 octobre, 1ᵉʳ. et 7 novembre , à la Préfecture de Police , devant M. Fleuriel, Commissaire de Police de la Cité , commis à cet effet , par M. le Préfet.

L'interrogatoire du 30 ne fut employé qu'à faire les extraits des pièces , au nombre de trente-trois, tellement insignifiantes, qu'on n'a pas cru devoir m'interroger sur leur contenu.

Le 31, on me fait les demandes, et je dicte les réponses suivantes :

D. Connaissez-vous un pamphlet, ayant pour titre : conséquences immédiates du système adopté par le ministère?

R. Non.

D. Cependant il a été imprimé chez vous ?

R. Je nie.

D. Le caractère de votre journal et celui du pamphlet se ressemblent?

R. Montrez-le moi. (On me dit : je ne l'ai pas là. En effet, l'interrogateur ne l'avait pas.)

6

D. Vous avez une imprimerie ?

R. L'imprimerie qui est dans la maison, appartient à M. Herhan.

D. De façon que s'il était prouvé que le pamphlet a été fait chez vous, vous en feriez peser la responsabilité sur le sieur Herhan ?

R. La loi ne reconnaît pour imprimeur que celui qui a un brevet, et quand M. Herhan a bien voulu mettre un démembrement de son imprimerie, dans notre maison, il nous a moralement rendu responsables de l'usage que que nous en ferions. Or, s'il est prouvé qu'il a été fait dans le démembrement de son imprimerie quelque chose de répréhensible, je m'en rends seul et unique responsable physiquement devant qui de droit.

D. Enfin, vous méconnaissez que le pamphlet a été imprimé chez vous ?

R. Oui.

Ier *novembre.* — *D.* Je vous représente qu'il est constant que le pamphlet est sorti de votre imprimerie ?

R. Je persiste à méconnaître le fait.

D. Le sieur Herhan ne vous prêtat que son nom : c'est vous qui, réellement, étiez imprimeur, et l'imprimerie du journal vous appartient.

R. Aux yeux de la loi, n'est imprimeur, que celui qui est breveté.

D. C'est vous qui avez acheté les caractères du journal ?

R. C'est moi qui ai choisi le caractère propre au journal.

D. Voulez-vous bien nous dire le nom du fondeur qui a vendu ce caractère ?

R. Je ne me rappèle pas en ce moment de son nom; c'est Massias ou Mathias.

D. L'avez-vous payé en entier ?

R. Le sieur Herhan lui a donné un à-compte, et a pris des termes pour le surplus.

D. Comment se fait-il que vous ne vous rappelez pas de son nom ?

R. Je m'en rappèle maintenant, il se nomme Massias.

D. C'est vous qui avez été chez lui, qui avez fait prix avec lui, et à qui il a vendu ?

R. J'ai été chez lui, j'ai choisi le caractère, j'ai fait prix, j'ai répondu du prix, et le vendeur a porté sur son registre qu'il avait vendu au sieur Herhan.

D. Puisque c'était pour vous que la vente s'en faisait, il n'avait pas besoin de ces précautions.

R. Je vous répète qu'un fondeur ne peut vendre qu'à un imprimeur, et qu'en cela, je n'étais caution, (au besoin) que de l'imprimeur.

D. Avez-vous réglé avec Massias ?

R. Non.

D. Il lui est dû encore de l'argent ?

R. Oui, parce que le sieur Herhan a acheté à terme, ainsi que cela se pratique entre marchands.

D. En effet, Massias qui a été entendu, a dit que toute sa facture ne lui était pas payée ?

R. Il a dit vrai, mais puisqu'il a été entendu, a-t-il dit qu'il n'avait vendu de cette sorte de caractère qu'au sieur Herhan ?

D. Il a reconnu que c'était lui qui avait vendu la fonte du journal, et qu'avec ce caractère, on avait pu faire le pamphlet ?

R. Un fondeur qui fait graver un caractère a dû, pour se mettre au-dessus de sa dépense, vendre plus de sept à huit cent livres de matière. Or, Messieurs, a-t-il dit qu'il n'avait vendu qu'au sieur Herhan, ce qui était sorti de cette gravure ou frappe.

D. On a fait tirer un exemplaire du pamphlet avec votre caractère. Je vous le représente.

Nota. Le pamphlet ainsi composé avec le caractère, ne contenait au titre que les lettres et mots, O, U, E, *système adopté*.

R. Vous voyez que cette opération tourne parfaitement à ma décharge, puisqu'elle prouve, que dans une imprimerie où il n'y a de caractère que pour faire le journal et son titre, on n'a pu y trouver des lettres de deux points, pour composer les lettres : *conséquences immédiates mis par le ministère.*

.. (L'interrogateur est resté muet devant une réponse aussi péremptoire.)

D. Des gens de l'art ont comparé le caractère de l'imprimerie du journal avec le pamphlet, et l'ont trouvé identique ?

R. Je ne peux raisonner que sur leur opération, montrez-moi leur rapport et en même temps le pamphlet. (On me montre l'un et l'autre.) Vous voyez que les gens de l'art, pour l'objet de comparaison, ont bien reconnu l'identité de la gravure, mais aussi qu'ils ont ajouté, que les caractères de l'un et de l'autre ne leur paraissaient qu'identiques ; et cependant ils avaient sous les yeux, non pas tous les numéros du journal, dont le tirage n'est jamais aussi facile qu'une épreuve faite sur un carton, (car c'est sur carton qu'ils ont fait tirer) Si on leur avait représenté les numéros du journal, ils auraient vu que, plusieurs lettres étant fatiguées, venaient peu. On a mis leur science conjecturale en travail sur une épreuve cartonnée et à triple foulage ; cependant , ils n'ont pu décider , *affirmativement* , que le pamphlet avait été fait avec le caractère du journal. En effet., il est visible que les lettres du caractère du journal, quoique tirées avec soin, ne viènent point en ligne, ou régulièrement; enfin , que celles du pamphlet annoncent un caractère *tout neuf*, ou du moins , les lettres sont toutes bien alignées et viènent parfaitement. Ce n'est pas l'identité d'un caractère qui se trouve dans toutes les imprimeries qu'il fallait faire constater , mais son usance, et encore le cas ne serait pas probant.

(L'interrogateur me parut convenu de ces observations solides.)

D. Enfin , Massias a dit qu'il vous avait vendu le caractère?

R. Mais a-t-il ajouté (et sur ce fait répondez) qu'il n'en avait vendu qu'au sieur Herhan.

Depuis, j'ai appris que Massias , lors de sa première déclaration, avait cité dix imprimeurs, à qui il avait vendu le même caractère; que l'interrogateur n'en avait mentionné que deux; qu'ayant consulté le lendemain M. Descloseaux , son avoué, sur le refus qu'ou avait fait d'inscrire les dix noms, cet avoué lui avait donné le conseil de retourner à la préfecture , et que dans le cas où l'on ne voudrait pas recevoir toute sa déclaration , de le faire, à son âme et conscience , devant un notaire.

D. Vos ouvriers ont été également entendus ?

y. Ont-ils dit qu'ils avaient composé et imprimé le pamphlet.

D. Non, mais ils ont dit qu'il y avait assez de caractère, dans votre imprimerie , pour faire deux numéros couran du journal et le pamphlet?

R. Je crois qu'lls sont dans l'erreur, en ce sens seule

ment, que la police du caractère n'étant pas faite, on ne pourrait faire l'un et l'autre à-la-fois.

Ils ne sont que quatre ouvriers pour composer le journal, c'est-à-dire, ils travaillent depuis huit heures du matin juspu'à neuf heures du soir, et quand des ouvriers se sont occupés si long-temps, il leur est physiquement impossible de passer six heures de huit au travail. (Car d'après ce que vous me représentez, les quatre ouvriers amenés par ordre, qui ont encore trouvé de la lettre dans les casses, ont mis six heures à composer l'épreuve sur carton.) Voilà de graves observations qui doivent détruire toutes préventions.

D. On pourrait faire cet induction.

R. En fait de prévention, c'est mal raisonner que de raisonner par induction.

(On m'a caché que l'interrogateur avait fait venir deux ou trois des imprimeurs indiqués par Massias, comme ayant acheté de lui le même caractère ; qu'ils ont dit en avoir de la même gravure et de la même fonte, et qu'ils pourraient faire, avec ce caractère, un pamphlet semblable à celui qu'on leur présentait.)

7 novembre. — *D.* Je vous représenté une brochure, ayant pour titre : *Une Fille de Londres à une Fille de Paris*, signée *Le Chasle*, trouvée chez l'un de vos ouvriers.

R. Je ne la connais pas.

D. L'un de vos ouvriers a dit qu'elle avait été faite avec un caractère semblable au vôtre.

R. A-t-il dit qu'elle avait été faite chez moi ?

D. Non.

(Je lis cette brochure très - plaisante , imprimée Londres.)

R. Je viens de la dire, et je vous déclare que si je l'avais connu , comme elle est en faveur de la charte , je l'aurais insérée en entier , dans le journal , sans la censure.

D. Vous méconnaissez donc tout ?

R. Excepté la vérité..

D. Mais , l'un des ouvriers, dit l'avoir vu sur votre bureau.

R. Elle a pu y être ; car, depuis plusieurs mois , on a reçu tant de brochures, pour annoncer, qu'il y en a encore beaucoup que je n'ai ni vues , ni lues.

D. Vous savez composer à un pu , ..

R. Non. Je ferais bien une ou deux lignes ; mais pas plus , ni mettre en galée , en page , etc.

Voilà mes interrogatoires ; voilà les seules pièces sur lesquelles j'ai été interrogé.

———

Quant aux deux interrogatoires prêtés par mon fils , qui n'a point de rapport avec l'intérieur de la maison ; qui demeure à un quatrième étage ; qui ne se mêle point de politique , mais bien de faire les analyses des pièces de théâtre , il a déclaré , avec raison , ne pas connaître le pamphlet , ne pas savoir ce qui a pu se passer à l'imprimerie..... Mais les mandats portaient , d'avance , de l'arrêter ainsi que moi..... Notre arrestation avait été résolue avant même de savoir si on nous trouveraient en défaut quant à ce malheureux pamphlet.

———

De quoi peut se plaindre ce ministre , quant au journal ?

Il a levé un impôt, sans droit ni qualité, à titre de budjet secret; on l'a payé. Tandis que les communes font un budjet national, il en a fait un SECRET pour la police; on a cédé à la force.

Enfin, il a sévi pour des articles même approuvés par le censeur; on s'est tu.

Il a etabli un censeur qui a suprimé, par ordre, une partie du discours de M. de Bouville, ex-député, prononcé à la tribune et livré à l'impression, sur l'évasion de Lavalette.

Il a empêché le départ, par la poste, des opinions de MM. les comtes de Sallabury et de la Bourdonnaye, députés, sur le même sujet.

Il nous a enjoint de ne plus parler des adresses des conseils-généraux des arrondissements de sous-préfectures, et des conseils-généraux des départements, en faveur des anciens députés revenus dans leurs foyers.

Il a suspendu le départ, par la poste, de certains Nᵒˢ. ne comportant que des extraits de journaux, qui avaient leur libre cours.

Il a envoyé, à une heure après minuit, des agens de police pour sceller l'imprimerie, à cause de Nᵒˢ. qu'il a permis de distribuer le lendemain.

Il a fait défense de réimprimer, dans le journal, le discours de M. Narcan, président du collége électoral du département d'Ille-et-Vilaine, inséré dans les papiers du matin.

Il a permis de faire paraître le soir le journal, aux termes de sa création; puis après, il a fait dire qu'il voulait qu'il ne parût que le matin..... On a obéi.

Pourquoi donc avoir fait défense aux imprimeurs d'imprimer le journal, et, à la direction de la poste, de lu donner circulation ?

Pourquoi , enfin , maintenir encore aujourd'hui un scellé sur l'imprimerie ?.. qu'ont fait de répréhensible ces pauvres morceaux de bois , qui sont scellés ?

Enfin, pourquoi ruiner ma fille, qui a dépensé trente mille francs pour l'établissement d'un journal , qui n'a paru qu'avec le cachet du censeur.

Comment faire concorder tous les faits positifs , et prouvés par la correspondance ministérielle , avec cette partie du discours qu'a fait le ministre de la police générale , dans la séance du 7 décembre , en proposant une nouvelle loi sur les journaux :

« Résultera-t-il , a-t-il dit, du droit accordé au gouvernement sur les journaux , que *l'opinion publique soit muette* (voir les épreuves de nos N°ˢ. , en grande partie bâtonnées)?.... que la liberté des discussions politiques soit détruites (cinq de nos N°ˢ. arrêtés à cause de cette discussion)?.... Cette tribune sera-t-elle donc silencieuse ? les opinions des membres de la chambre des pairs et de celle des députés , ne sont-elles pas reproduites et distribuées (voir les défenses envoyées à la poste , non-seulement pour notre journal , mais aussi pour les autres feuilles périodiques) ?.... »

Si la loi sur la liberté de la presse porte, art....., que le brevet d'imprimeur ne sera retiré , dans les cas qu'il spécifie, qu'après un jugement, pourquoi supprimerait-on un journal , qui doit être autorisé par le Roi, quand le journaliste n'a rien fait de contraire à la loi?.... Ces sortes d'établissements coûtent des sommes immenses jusqu'au moment où le succès donne une indemnité..... Un coup de plume du ministre fait la ruine d'une famille.

CERTIFICATS.

J'ai demeuré à Fécamp, depuis 1784 jusqu'en décembre 1792 (je n'avais pas encore vingt-six ans).

Premier Certificat. — Le bureau municipal de la ville de Fécamp certifie que M. Jean-Baptiste-Magloire Robert, avocat, a rendu des services signalés à cette ville, tant par l'exercice de son autorité, comme procureur de la commune, surtout dans des moments de crises, que comme auteur d'une feuille, qui, dans ses mains, a toujours propagé ces principes moraux qui ont fait, depuis tant de siècles, le bonheur de la France. Nous le regarderons toujours, quoique éloigné de nous, comme l'un de nos compatriotes.

A l'hôtel-de-ville de Fécamp, le 27 octobre 1792, signé L. Guillaume, maire ; Fouray, de Mahiel, Mettais, Revel et Troque, officiers municipaux (les plus riches propriétaires de la ville), et Boux, secrétaire.

Plusieurs mois après mon départ de Fécamp pour Paris, le conseil général de la commune de Fécamp, fut mis en mandat d'amener, par l'accusateur public du tribunal criminel de la Seine-Inférieure, pour n'avoir pas empêché le pillage d'un bateau chargé de blé, entré dans le port. Il s'adressa à moi. Je me hâtai de faire annuller le mandat par le comité de législation, et voici copie de la lettre que m'écrivit, à ce sujet, le conseil général.

« Fécamp, le 20 messidor an trois de la république une

et indivisible. — Le conseil général de la commune , au citoyen Robert.

Citoyen , une fâcheuse affaire nous a inquiété ; des amis justes et zélés en ont interrompu les suites ; nous leur devons notre reconnaissance. Mais , de quelle manière vous la témoignerons - nous , vous dont les pressantes sollicitations , les fatiguantes démarches , et l'oubli même de vos propres affaires en ont arrêté les effets, un souvenir éternel en sera le fruit , et vous aurez en nous des amis qui ne cesseront de vous donner des témoiguages de leur sincère reconnaissance. Recevez aussi ceux de la commune dont nous sommes les organes.

Salut et fraternité. — L. Guillaume, maire ; Revel , P.-C. Clouët , Thriner , de la Landre , Touyard , de Bois-Rosay. , Trocque , Massif , Caumont , Le Borgne le jeune , Jourel , Boullanger , Dubois , Lambert.

(1) Je ne quittai Paris qu'après avoir été traduit au tribunal révolutionnaire , comme royaliste-conspirateur , et avoir été reconduit chez moi sous la garde de deux gendarmes , dont je mis en défaut la surveillance. J'allai à Caen , en juillet 1793 ; j'y pris les armes ; je vins me cacher à Rouen.

J'y établis un journal qui , fort de principe , a empêché le mal. Les juges qui avaient promené la guillotine à Dieppe , en furent attaqués vivement. Il y en a encore en place.

Proscrit au 18 fructidor , je pris pour prote d'imprimerie une personne qu'on m'indiqua. Pendant deux ans elle se conduisit bien ; mais , l'ayant renvoyée pour cause grave , elle chercha à me calomnier sourdement , par l'imputation que je me servais d'un *faux timbre* pour les journauxet les passe-ports aux vendéens.

Les juges qui tenaient la cour spéciale, voyant un décret qui me rendait leur justiciable, ne cacher pas leur projet de me condamner comme une victime. Je m'échapaⁱ alors de la prison où je m'étais constitué. Je vins à Paris ; je provoque le décret qui attribue ces sortes de crimes à la cour spéciale du département de la Seine ; je me présente au cabinet de M. Gérard, procureur-général, qui demande les pièces, par l'intermédiaire de la justice. Il ne les reçut qu'au bout de six semaines. Après les avoir lues, il me fit signer la soumission de me présenter toutes fois et quantes. La cour nomma un rapporteur, et, sur son rapport, il fut rendu, les 19 et 20 fructidor an douze, en chambre, l'arrêt suivant :

1°. « Considérant que, lors de la perquisition faite chez Robert, il ne s'y est trouvé aucun instrument ou nstencile propres à contrefaire le timbre national ou tous autres ; que rien n'annonce que le timbre portant ces mots : *Municipalité de Rouen*, porté sur deux passe-ports, fût sorti des presses dudit Robert.

2°. » Que la présomption que faisait naître l'existence des deux passe-ports mentionnés au procès, a été détruite par une foule de circonstances énoncée dans les répliques dudit Robert, et dans les déclarations de plusieurs témoins, etc., etc.

» Disons qu'il n'y a lieu à poursuites ultérieures contre ledit Robert, et ordonnons en conséquence qu'il sera renvoyé à la liberté. A l'effet de quoi il lui sera délivré eypédition du présent. »

M. le comte Beugnot, alors préfet du département de la Seine-Inférieure, et qui, comme on le verra dans ma vie civile et politique, qui est sous presse, connaissait à fond cette intrigue, tendante à me perdre, m'écrivait, le premier pluviôse an dix : » Je crois ne pas dépasser mes pouvoirs en demandant que l'on statue promptement sur votre sort , et je vais le faire avec l'intérêt qu'inspire votre état de père de famille et la crainte que vous *ne soyiez victime d'une insigne méchanceté.*

En décembre 1810 , il fut rendu un décret *impérial* qui donne le droit aux présidents des cours de faire un nouveau tableau des arrêts. A la tête d'une commission de trois (formé contre la disposition de la loi) se trouvait l'un des juges dont mes opinions n'ont pas été d'accord avec les siennes , et qui devait me juger , pour l'affaire dont je viens de parler , en cour spéciale.

En vertu de ce décret , la cour fut instalée en avril 1811. Le président fit une circulaire aux avocats , le 17 avril , pour se présenter le 23 à la commission , en prévenant que , si on ne se rendait pas à son invitation , on ne serait pas porté sur le tableau qui sera formé d'après le rapport de cette commission particulière.

J'avais fixé , le premier du mois , mon domicile à Paris , par déclaration en forme , étant sur le point de traiter avec M. Saladin , de son office d'avocat à la cour de cassation , et je ne pus , ni ne dus répondre à cette lettre , qui me parvint le 22 au soir. Le grand juge m'autorise à prêter mon serment à Paris ; j'obtins l'autorisation de son successeur , de plaider , comme avocat à Paris , les causes dont je serais chargé dans le département de la Seine-Inférieure , formalité voulue par le décret impérial sus énoncé.

Le 17 juillet 1815 , son excellence , monseigneur le chancelier de France (l'un des plus riches propriétaires de mon département natal) m'écrivait , après avoir pris connaissance de mon affaire : « *Je vois clairement que vos droits*, *comme avocats*, *sont entiers*; vos opinions politiques, *depuis nombre d'années*, ont été *parfaites*. Je ne vois donc aucun obstacle réel à votre admission parmi les avocats au conseil. Il y a une place vacante; mais il y a plusieurs prétendants. Je crois que, pour mettre tous les concurrents d'accord, je pourrais bien les envoyer tous à la chambre de discipline, pour qu'elle me présente le plus digne, à moins que le Roi ne consente à vous nommer directement, sur le témoignage que lui rendront les personnes respectacles dont vous invoquez les suffrages. »

J'anticipe peut-être sur l'intérêt de ma vie, que j'imprime; mais il est instant d'en repousser les ténébreuses calomnies dont les védettes perdues font sonner la charge dans quelques lieux.

———

— Je crois devoir attester que M. Robert, pendant tout le temps que j'ai commandé en haute Normandie, a secondé toutes les mesures utiles pour le service du Roi, avec zèle et activité, et de plus a été souvent persécuté. Paris, le 30 mai 1814, signé Mallet, maréchal-de-camp (aujourd'hui commandant militaire à Colmar), ci-devant commandant pour le Roi, sur la rive droite de la Seine (en 1796, 97 et 98).

— J'ai une parfaite connaissance du dévouement que M. Robert n'a cessé de montrer à la cause du Roi; son zèle et son courage lui ont attiré nombre de persécutions, et la perte d'une grande partie de sa fortune. Paris, 30 mai 1814, signé le comte de Bourmont, lieutenant-général.

Pour adhésion, le duc de Saint - Aignan, pair de France.

— Hingent de Saint-Maur , chef de division dans le département de l'Eure , pour le Roi (en 1797, etc.), certifie que M. Robert a secondé les opérations royalistet de cœur et avec désintéressement , et qu'il a été souvent persécuté pour cette cause. Paris , ce 3o mai 1814 , signé d'Hingent.

— D'après les certificats de MM. Mallet , de Bourmont et d'Hingent , avec lesquels j'ai été en rapport , d'après les assertions d'autres chefs pour le Roi , avec la conneissance que j'ai personnellement de l'opinion de monsieur Robert , je crois devoir lui rendre la même justice. Paris , le 4 juin 1814 , signé Pâris (aujourd'hui maréchal-de-camp) , major - général de l'armée catholique de Normandie , ancien commandant des gardes des princes , à Ham.

— Je certifie , pour avoir été en ma connaissance parfaite, que M. Robert n'a cessé, *en toutes circonstances,* de servir la cause du Roi , de sa personne , de ses talens et de sa fortune , et que , par suite , il a éprouvé des persécutions de toutes natures. Pari , le 4 juin 1814 , le marquis de Blasseville , commissaire de son altesse royale Monsieur , lieutenant-général du royaume, pour la haute Normandie (en 1794 et années suivantes) , membre de l'ancienne chambre des députés.

— Je soussigné , commandant en chef de la quatrième division de l'armée du général comte de Frotté , que M. Robert a rendu les plus grands services aux royalistes prisonniers de basse Normandie , en recevant et publiant avec énergie les détails des horreurs dont ils étaient victimes , dans les prisons de Caen , et qui souvent a mis une digue à la férocité de leurs persécuteurs. Paris , le

4 juin 1814, signé le chevalier Filleul de Foso (aujour-d'hui colonel de gendarmerie).

— Je certifie que M. Robert a rendu les plus grands services à sa majesté. M. le comte de Blacas peut le certifier comme moi. Je crois que personne ne mérite plus que lui les grâces de sa majesté. Paris le 29 juillet 1814 , signé le duc de Castries (pair de France).

— Je soussigné , ancien receveur des fermes du Roi à Fécamp département de la Seine-Inférieur, certifie qu'à l'époque de la déportation de MM. les ecclésiastiques , M. Robert alors demeurant en laditte ville de Fécamp se présenta à mon bureau pour protéger l'embarcation de MM. les ecclésiastique qui étaient menacés par le peuple et qui a eu lieu en l'année 1791. Qu'à cette époque M. Robert était considéré comme un très bon royaliste pourquoi j'ai délivré le présent pour valoir ce qu'il appartiendra. A Paris ce 22 novembre 1816, Lepage.

De l'Imprimerie de C.-F. PATRIS, rue de la Colombe n° 4, près le quai de la Cité.